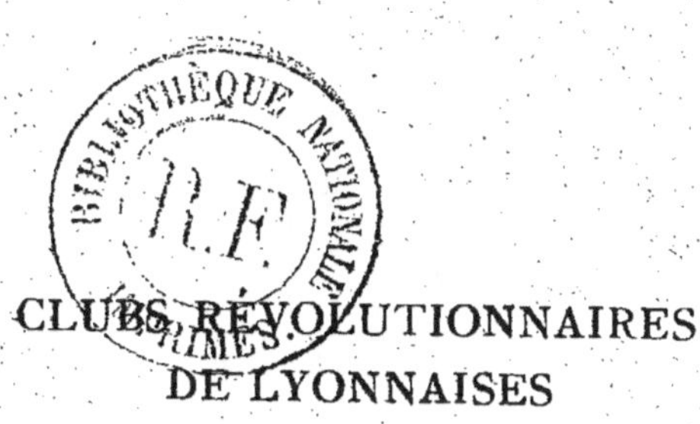

CLUBS RÉVOLUTIONNAIRES
DE LYONNAISES

Louis de COMBES

Clubs Révolutionnaires

de Lyonnaises

TRÉVOUX
IMPRIMERIE JULES JEANNIN
1908

Clubs révolutionnaires de Lyonnaises

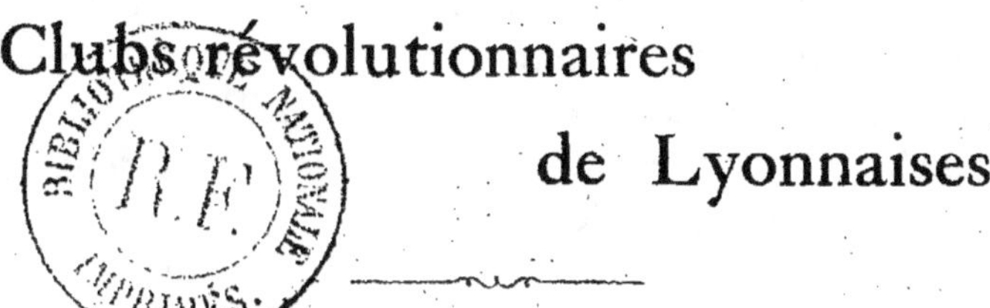

Le 22 juin 1791, les cloches de la Métropole Saint-Jean sonnaient à toute volée. Des citoyennes patriotes qui se réunissaient depuis quelque temps pour disserter sur la Révolution et pratiquer la bienfaisance, venaient de racheter deux prisonniers pour dettes. Elles manifestaient leur satisfaction en se rendant processionnellement à une messe solennelle. L'abbé Bénévent, prêtre assermenté, prononça un discours et la cérémonie se termina par un *Te Deum* civique (1).

L'existence de fait ne pouvait suffire à des personnalités aussi expansives. Ces dames fondèrent, le 16 août suivant, avec toute la publicité possible, l'*Institution des citoyennes dévouées à la patrie* (2). Madame Sobry en était la présidente provisoire et la fille

---

(1) Metzger et Vaësen, *Lyon en 1791*, p. 53.

(2) Lyon, L. Cutty, 1791, in-4° de 26 pages. (Aimé Vingtrinier, *Catalogue de la Bibliothèque lyonnaise de M. Coste*, Lyon, Brun, 1853, tome I, p. 164, n° 4027.—Ce numéro permettra de retrouver la brochure à la Bibliothèque de la ville).

Rostain la secrétaire-archiviste (1). Ce n'étaient pas des échappées de la *Société populaire ;* leurs actes dénotent la bonne éducation de petites bourgeoises ou d'épouses de commerçants aisés.

Le règlement définitif ne fut voté que le 1ᵉʳ octobre sous le titre d'*Association des citoyennes de Lyon particulièrement dévouées à la patrie et à la loi.* Il est signé par Sobry, président, Martin, vice-président, et femme Sobry, présidente (2).

Jean-François Sobry jouissait d'une certaine notoriété. Nommé troisième notable, par 338 voix, aux élections de décembre 1791 (3), il fit définitivement partie du corps municipal, par suite de vacances, en février 1792 (4). Le 27 octobre de la même année, il fut nommé « d'une voix unanime » secrétaire-greffier de la municipalité, en remplacement du citoyen Le Camus (5). Mais survint la municipalité Nivière-Chol, d'opinion plus avancée que celle de Louis Vitet. Sobry crut faire un coup de maître de se démettre de sa place : « non que ce ne soit mon désir de la conserver, mais je ne puis m'y voir avec satisfaction, à moins

---

(1) Gonon, *Bibliographie historique de la ville de Lyon pendant la Révolution française,* p. 142, nº 705, Paris, Guilbert, Lyon, Guilbert et Dorier, 1846.

(2) *Règlement de l'association des citoyennes de Lyon particulièrement dévouées à la patrie et à la loi,* fait et clos à Lyon le 1ᵉʳ octobre 1791, l'an III de la Liberté. Lyon, L. Cutty, 1791, in-8 de 32 pages. (Gonon, *loco cit.,* page 146, nº 726).

(3) *Conseil municipal,* séance du 11 décembre 1791, — dans le recueil des *Procès-verbaux des séances des corps municipaux de la ville de Lyon,* publiés par la municipalité (1789 à l'an VIII). Tome II, pp. 674-675. — Lyon, Imprimerie nouvelle lyonnaise, 1901.

(4) *Conseil municipal,* 28 février 1792 (III, 78).

(5) *Corps administratifs* — 27 octobre 1792 (III, 343).

que je ne l'obtienne de vous-même, et je préfère m'en
voir dépouillé, si je ne suis point assez heureux pour
la tenir de vos suffrages » (1). La municipalité accepta
sa démission et lui préféra le jacobin Magot (2).

Le président des *femmes particulièrement dévouées
à la patrie* était pourtant d'humeur accommodante,
peut-être le trouva-t-on tiède. Il se plia à tous les
régimes, même à la Terreur. Fouché, devant lequel il
trouva grâce, le nomma, le 4 frimaire an II (3 décembre 1793), membre de la commission chargée de
fabriquer du salpêtre, avec les décombres des maisons
démolies dans Commune Affranchie (3). Lorsque les
représentants Charlier et Pocholle organisèrent pour
le 20 vendémiaire an III (11 octobre 1794), une fête
en l'honneur de Jean-Jacques Rousseau (4), il taquina
la muse et rima une hymne mise en musique par Coi-
gnet (5). En 1797, l'opinion publique, plus libre, de-
mandait l'ouverture des églises, de la même plume
qui exulta le citoyen de Genève il écrivit l'*Apologie de
la messe* (6).

Le club des *Citoyennes dévouées à la patrie* tenait
ses séances, tous les dimanches, à l'heure de vêpres,
dans une maison située rue Pas-Etroit (7), faisant

---

(1) *Conseil général de la commune*, 8 décembre 1792 (IV-9).

(2) *Conseil général de la commune*, 14 décembre 1792 (IV, 21).

(3) Gonon, *loco cit.*, p. 312, n° 1550.

(4) Metzger et Vaësen, *Lyon en 1794*, p. 162.

(5) Gonon, *loco cit.*, n° 2077. — Charléty, *Bibliographie critique de
l'histoire de Lyon depuis 1789*, p. 62, n° 3326.

(6) P. an VI, 32 pp. in-8° (*Catalogue* n° 168 de Paul Ritti, libraire à
Paris, Avenue du Maine, 76, — n° 420 du catalogue.

(7) C'était une rue étroite comprise entre la rue actuelle de la Bourse et
le quai. (Vachet, *A travers les rues de Lyon*, p. 59. — Lyon, Bernoux,
Cumin et Masson, 1902.)

l'angle de la rue Commarmot « à droite en entrant dans cette rue » (1).

Aux termes de l'art. 46 du règlement (2) : « La Société, considérant que les signes extérieurs ont, de tout temps, servi à rappeler aux hommes les devoirs auxquels ils sont liés, a arrêté que dans les séances et dans les cérémonies, chaque membre sera décoré d'un d'un long ruban ou écharpe, aux trois couleurs nationales, auquel sera suspendue une médaille de vermeil portant d'un côté l'écusson des armes de Lyon et de l'autre côté cette inscription : *Association des citoyennes dévouées à la patrie et à la loi.* »

Ce n'était là que la petite tenue. Ces dames se prenaient trop au sérieux pour vouloir s'étioler à l'ombre de leur gynécée politique. Elles aspiraient à la vie au grand air, aux manifestations populaires. Pour y paraître avec éclat, elles décidèrent, art. 47 : « La Société, considérant que dans les cérémonies publiques, *des femmes qui représentent l'intérieur de la patrie* doivent porter des marques plus apparentes et plus respectables, a arrêté, qu'outre le ruban national en écharpe, les citoyennes porteraient dans les grandes occasions une robe blanche, une ceinture rouge et un manteau bleu, et que cet uniforme serait leur habit de grand appareil.

Art. 51. « La Société arrête que, dans le cas d'un

---

(1) Gonon, *loco cit.*

(2) Le règlement se trouve à la Bibliothèque de la ville, fonds Coste. Des extraits importants en sont reproduits dans Balleydier (*Histoire politique et militaire du peuple de Lyon pendant la Révolution française*, tome III. — Document n° IV, p. XVI. — Paris, Martinon et Curmer, 1846), et dans Gonon (*loco cit.*).

grand succès politique ou militaire, les citoyennes dévouées pourront sortir une fois avec leur drapeau pour aller en pompe faire *une action de grâces publiques* à quelque lieu de la ville qu'elles assigneront ; elles traverseront la ville couronnées de fleurs, et avec des palmes à la main ; leur drapeau sera orné de guirlandes de fleurs. »

Le même document fixe ainsi la formule du serment, dont le début reproduit celle usitée aux Jacobins de Paris : « Je jure d'être fidèle à la Nation, à la Loi et au Roy », avec cette adjonction originale : « Je jure de porter, en toute occasion, mon mari, mes frères ou mes enfants, à remplir leurs devoirs envers la Patrie ; je jure d'apprendre à mes enfants ou à tous autres sur qui j'aurai autorité, à préférer la mort à l'esclavage » (1).

Les estimables citoyennes n'oubliaient pas leurs obligations envers Dieu. Les dimanches et jours de fêtes carillonnées, elles se rendaient aux offices du clergé assermenté de la Métropole, bannière déployée, médaille en sautoir sur la poitrine (2). C'était à la fois, dit M. Maurice Wahl (3), une confrérie constitutionnelle et un club. La Constitution civile du clergé, pour beaucoup de fidèles, n'était encore qu'un succédané de l'Eglise gallicane de Pithou et de Bossuet qui, elle aussi, n'avait que des relations lointaines avec le Pape.

L'évêque constitutionnel chérissait ses filles dévouées

---

(1) Gonon, *loco cit.*, p. 146, n° 726.
(2) Gonon, *cod.*
(3) *Les premières années de la Révolution à Lyon — 1788-1792*, p. 365, note 4. Paris, Collin, 1894.

à la Patrie. Celles-ci, qui lui rendaient sa tendresse civique en la sacro-sainte Constitution, votèrent, dit-on, qu'elles auraient un drapeau rouge que l'on porterait processionnellement à la Métropole pour le confier aux mains de Lamourette (1).

Cette dévotion mystico-jacobine provoquait les railleries des contre-révolutionnaires. Un pamphlet en style poissard, intitulé *La mère Duchesne à Lyon*, y fait allusion (2). La mère Carpillon, une franche jacobine, dit à la mère Duchesne, qui soutient les idées royalistes : « Je somme du cuble des *citoyennes dévouées* t'à la nation ; et fourche, ça ira ; je ne laisserons pas le monde s'éteindre faute de bons patriotes. »

La mère Duchesne diffame l'évêque en termes odieux même chez un adversaire. La mère Carpillon reprend : « Oh ! doucement la mère, vous ne connaissez pas notre évêque Lamourette et ses dignes vicaires. C'est un digne évêque de la nation que celui-là ; t'aussi je l'avons pris pour le patron des *citoyennes dévouées*, et je lui donnons t'en gage notre *drapeau rouge*. »

— Un soldat suisse : « L'y recevoir votre *trapeau rouche* ; ô l'y être un pon poucre, et ça faire à vous péaucoup de plaisir ? »

---

(1) Balleydier, *loco cit.*, III, document IV, p. XVII.

(2) Balleydier reproduit tout le pamphlet dans son tome III, Document IV, p. XVIII et *seq.*

In-8° de 16 pp. 1791, sans nom de ville ni d'éditeur (Gonon, n° 815). — Cité aussi par Péricaud dans ses *Tablettes Chronologiques* et par Metzger et Vaësen dans *Lyon en 1791*, p. 53.

Gonon, sans donner aucun motif, doute de l'authenticité du document que M. Charléty a écarté de sa *Bibliographie*.

— La Peur, volontaire patriote, conclut à sa ma-
nière : « Eh bien ! S... Monsieur le Suisse, chacun
s'amuse à sa guise ; la nation veut des fonctionnaires
complaisants pour les *citoyennes dévouées*. »

Malgré la précision du témoignage, je me demande
si l'auteur ne commet pas une confusion. Les statuts
prônent les trois couleurs. Il n'était pas dans le
caractère des époux Sobry de précéder l'opinion publique, qu'ils se bornaient à suivre avec un remarqua-
ble opportunisme. Le drapeau rouge, enfin, paraît
dans le tempérament plutôt d'une autre association
féminine dont je parlerai tout à l'heure.

Les premières séances du club durent être plutôt
bruyantes. *Est muliebre loqui.* Les citoyennes dévouées,
toutes pourvues d'une certaine instruction et d'une
éducation excellente, avaient la parole facile, des con-
victions ardentes et une patience limitée. Sans doute
beaucoup péroraient sans daigner écouter leurs adver-
saires. Leur pratique de la fraternité tournait souvent
à l'intolérance et au charivari. Aussi dut-on introduire
dans les statuts deux dispositions qui ne manquent
pas de piquant :

Art. 36. « Quand la séance sera ouverte, le silence
le plus absolu sera observé, et *il n'y aura qu'une femme
qui devra parler à la fois.*

Art. 39. « Lorsque plusieurs citoyennes parleront
à la fois et feront du tumulte dans l'assemblée, la
présidente sonnera pour rétablir l'ordre ; si elles in-
sistent, la présidente leur infligera une amende ou leur
interdira l'assemblée pour un certain laps de temps,
et dans le cas d'une discorde impossible à terminer par

l'ordre, la présidente sera la maîtresse de clore la séance. »

Ces assauts de verbiage, l'invraisemblance des motions émises pour réorganiser et sauver la Nation, avaient le don de dérider les Lyonnais. Un railleur écrivit une *Déclaration des droits de la femme* (1) qui eût un grand succès. On y lit notamment : « *Art. 1.* Les femmes naissent, vivent et meurent avec le droit de parler. Elles sont égales en prétention à cet égard. Les distinctions entre elles ne peuvent être fondées que sur la plus ou moins grande perfection des organes de la parole...

« *Art. 17.* — L'art de déraisonner étant chez la femme un droit inhérent et imprescriptible, nulle femme ne peut en être privé jusqu'à ce qu'il plaise à la nature d'en faire d'autres différamment constituées. »

Le docteur Jean-Baptiste Gilibert (2), ami de Vitet et de Chalier, tout à la fois républicain ardent et amateur des salons, des banquets et des jolies femmes patronnait la nouvelle institution. Sur sa demande la *Société des Amis de la Constitution*, séant à la salle du Concert, place des Cordeliers, milieu feuillant, organisa pour le 17 avril 1792, une apothéose de Jean-Jacques Rousseau et de Mirabeau, où les citoyennes dévouées devaient jouer le principal rôle.

---

(1) Lyon 1791, in-8° de 6 pp. Conférez Gonon, 142, n° 706. — Charléty, *Bibliographie*, n° 3063. — Wahl, p. 365, note 4.

(2) Sur le caractère de Gilibert, voir *l'Offrande à Chalier*, attribuée à Chassagnon, et reproduite en entier par Guillon de Montléon, *Mémoires pour servir à l'histoire de la ville de Lyon pendant la Révolution*. (Paris, Baudouin, 1824, tome I, p. 461).

Steyert, *Histoire de Lyon*, III, 508, note de la figure 596.

« Au jour marqué, dit le procès-verbal (1) de la séance, l'affluence des citoyens était si grande que la salle ne pouvait les contenir ; vers le milieu de la séance, une symphonie agréable a annoncé, à la porte de la salle, l'arrivée des Dames dévouées à la Patrie ; elles sont entrées dans l'enceinte au son d'une marche majestueuse ; le corps de musique marchait devant ; des groupes d'enfants, vêtus de blanc et décorés d'écharpes nationales, portaient des couronnes civiques ; les dames dévouées, ornées de mêmes couleurs, ayant à leur tête Madame Sobry, leur présidente, accompagnée des commissaires de la Société, formaient un cortège intéressant. La salle a retenti d'applaudissements redoublés. »

Le citoyen Peyron, président, souhaita la bienvenue, la musique exécuta l'air « qui plaît tant aux Français régénérés : *Où peut-on être mieux* », puis la citoyenne Sobry « s'annonçant avec les grâces de son sexe », demanda la parole.

L'orateur en jupons, oubliant que Mirabeau, mort à temps pour son renom, trahissait la Révolution pour le Roi, après avoir trahi le Roi pour la Révolution, et que Rousseau mettait ses enfants à l'hôpital, fit en termes excellents l'éloge des deux morts. Elle finit par ces mots :

« Approchez, enfants chéris, amours de la race présente, espoirs de la race future, venez couronner votre bienfaiteur et votre ami, venez couronner votre

---

(1) Metzger et Vaësen, *Lyon en 1792*, pp. 19 à 25, reproduisent en entier le procès-verbal de la séance.

père. Allaités par celle qui vous donna l'être, songez que c'est lui qui vous rendit à vos mères ; la couronne que vous posez sur ce front sacré ne peut l'être plus dignement que par les mains de la reconnaissance. »

(Ici un enfant a couronné Rousseau de laurier).

« Enfants heureux qui respirez l'air de la liberté, élevez vos regards vers ce citoyen généreux, l'un des plus illustres de ceux à qui vous le devez. C'est pour la postérité, c'est pour vous qu'il s'immola ; il nous apprit à tout souffrir pour vous. C'est vous qui jouirez du fruit de ses travaux et de sa persévérance. Prenez ce chêne et que sa tête altière soit couronnée par les mains de l'espérance...

« Les applaudissements, l'air favori des patriotes : *Ça ira*, exécuté par une musique nombreuse, et accompagnée à chaque refrain des mains de tous les assistants, a rempli la salle d'allégresse...

« La séance a été terminée par deux dialogues de l'*Almanach du père Gérard* (1), récités par de jeunes enfants de ces respectables mères qui s'occupent ainsi à former de bonne heure des citoyens.

« Le citoyen président a levé la séance, les instruments ont répété *Ça ira*, les musiciens ont défilé dans la salle, et les membres de la Société ont accompagné les Dames dévouées à la Patrie, au son d'une marche guerrière. »

---

(1) *Almanach du Père Gérard pour l'année 1792, le troisième de l'ère de la Liberté*, orné de 12 figures en taille-douce. Ouvrage qui a remporté le prix proposé par la Société des Amis de la Constitution, séante aux Jacobins, à Paris, par J.-M. Collot d'Herbois, membre de la Société,— 1 vol. in-12 de 108 pages. — Paris, Maillet, 1792.

Ce patriotisme de bon ton déplaisait au peuple, comme une sorte d'aristocratie déguisée. Les femmes de la trempe des tricoteuses allaient au comité central de la Société populaire appplaudir Chalier, Laussel, Jumel et Cusset. Elles brûlaient de prendre part aux discussions; mais on leur refusait la parole. Elles se dédommageaient en vociférant avec les patriotes au point d'érailler leur voix déjà altérée par le rogomme (1). Aussi s'était-il formé une *Société populaire des citoyennes amies de la Constitution*, qui siégeait dans la bibliothèque du ci-devant couvent des dominicains (2). Elle s'organisa définitivement le 13 novembre 1791 (3).

Le règlement, de la même date, débute par ce préambule pompeux : « Sur l'ignorance repose le despotisme, la liberté constitue le bonheur. L'une anéantit la Société et l'autre l'établit. Pénétrées de ces grandes vérités, les citoyennes de Lyon, réunies sous la protection des lois, ont résolu de les étudier et de s'éclairer mutuellement sur leurs devoirs. Afin d'atteindre ces précieux avantages, elles ont unanimement arrêté le présent règlement. »

---

(1) « Hier soir, au moment où nous passions devant le club jacobin, il en sortait une foule de vieilles femmes ; nous n'avions malheureusement pas su, à temps, qu'il dut y avoir une séance publique. « Eh bien ! Mesdames », leur ai-je dit, « est-ce qu'il y a eu aujourd'hui des débats intéressants ? » — « Cela ne vous regarde pas, intéressants ou non ! » grommela une de ces mégères de sa voix enrouée. » (*Un Prussien en France en 1792. Lettres intimes de J.-F. Reichardt*, traduites et annotées par A. Laquiante, p. 170. — Paris, Perrin, 1892.)

(2) Guillon, *Mémoires*, I, 90.

(3) *Règlement de la Société populaire des citoyennes amies de la Constitution*, 13 novembre 1791. — Lyon, Revol et Carrier, in-8° — (Bibliothèque de la ville, n° 350 757).

Le port d'un ruban aux trois couleurs est requis pendant les réunions (1). Les séances commencent, après l'office divin, aux acclamations de *Vive la Nation! Vive la Loi! Vive le Roy!* (2) Le dernier cri dut être bientôt supprimé, car les adhérentes étaient fanatiques de démocratie.

Le règlement est signé : Clerc, président ; Charpine, présidente ; Cusset, vice-président ; Jumel et Bussat, secrétaires ; citoyennes Riboud dite Lacroix, Machisot, Charton, Prince, Versier, Vilguin, commissaires.

Je n'ai pu identifier le président Clerc ; les noms des autres hommes donnent à l'association une couleur redoutable.

Joseph Cusset, âgé de trente-quatre ans, infime marchand de gaze, sorti vingt-unième sur la liste des notables de décembre 1791, avec trois cent soixante-six voix (3), appartenait à la partie la plus avancée du club central (4). Recommandé aux élections législatives de 1792 par les amis de Chalier (5), il obtint, le 8 septembre, 480 voix et fut élu quatorzième député de Rhône-et-Loire à la Convention nationale (6), où il

---

(1) *Règlement*, titre III, art. 2.

(2) *Règlement*, titre III, art. 13.

(3) *Conseil municipal*, séance du 13 décembre 1791 (II, 674-675).

(4) *Adresse aux électeurs du département de Rhône-et-Loire*. Discours prononcé au comité central le 29 août (1791), l'an III de la Liberté par Cusset, in-8 de 16 pp. (Gonon, p. 142, n° 709). Bibliothèque de la ville, n° 350 866 (Charléty, *Bibliographie* n° 3064).

(5) *Lettre de Gaillard à Fillion*, dans le *Journal de Lyon* du 1er septembre 1792. — (cité par Wahl, p. 592 et note 2).

(6) Guigue, *Procès-verbaux des séances de l'Assemblée électorale du département de Rhône-et-Loire, tenue à St-Etienne 1792.*—A la suite des *Procès-verbaux des séances du département de Rhône-et-Loire*, — I, 439.

vota la mort de Louis XVI. Pendant les scrutins, l'Assemblée électorale reçut une lettre des citoyens Perrochiat et Desarno (1), qui contenait de lui ce portrait peu flatteur : « Nous le reconnaissons bon patriote, bien porté pour le peuple, mais trop incendiaire et désirant voir promener les têtes au bout des piques, quoiqu'il n'y en ait pas à Lyon (2), parce qu'il a mangé l'argent des souscriptions faites pour les piques ; il ne paraît quasi dans le comité central que quand il a bien bu, et c'est alors qu'il est le plus abondant en motions ; de là il va passer la nuit dans les bras de sa prostituée qui lui fournit son existence » (3). Tout n'est pas à retenir dans ce réquisitoire, mais on ne prête qu'aux riches. Il fut fusillé au camp de Grenelle, le 10 octobre 1798, avec l'ancien maire Bertrand (4).

Jumel fils était déjà connu par le discours qu'il avait prononcé en faveur de la liberté indéfinie de la Presse, le 12 mars 1791, dans la séance publique du comité central des trente et un clubs de Lyon (5).

Quand à Bussat il devint aide de camp dans l'armée révolutionnaire et fut adjoint à la commission de

---

(1) Et non pas une lettre anonyme comme M. Wahl l'a dit par erreur, p. 601, à la note.

(2) Il y en avait le 9 septembre 1792 ; l'accusation d'abus de confiance ne paraît pas établie.

(3) Guerre, *Histoire de la Révolution de Lyon, suivie de la collection des pièces justificatives*, Lyon, 1793, in-8°, pièce VII, p. 6. — La lettre est également reproduite par Balleydier, III. — Document XIII, p. XLI, — et dans Wahl, p. 601, à la note.

(4) *Moniteur* du 21 vendémiaire an VII (12 octobre 1798). — Gonon, p. 477, n° 2561.

(5) Bibliothèque de la ville, n° 350747 (Charléty, *Bibliographie*, n° 3062. — Gonon, n° 791.

fabrication du salpêtre par arrêté du 26 frimaire an II (15 décembre 1793). « C'est des ruines de cette ville rebelle qu'il faut faire sortir la foudre qui va consumer l'infâme Toulon », disaient les représentants du peuple (1).

Les citoyennes de la Société populaire se montrèrent à la hauteur de ce vilain parrainage. Elles convoquèrent à leur séance d'inauguration tous les corps constitués, pour se révéler par un coup d'éclat, en demandant aux magistrats d'obtenir de Lamourette un catéchisme nouveau digne d'un peuple régénéré. Le catholicisme, même constitutionnel, était trop vieux jeu pour elles.

Prudhomme, journaliste parisien, frère d'un journaliste lyonnais, leur décocha ce joli lardon (2) : « Que penser de ce club de femmes qui vient de s'ouvrir à Lyon ? Assurément nous sommes les premiers à rendre hommage à la pureté des intentions de ces bonnes citoyennes ; mais pourquoi s'être donné une présidente ? pourquoi tenir des séances en règle ? pourquoi tenir un registre des procès-verbaux de ces séances ? Passe encore pour l'hymne à la liberté qu'elles chantent d'ordinaire avant de se séparer ; mais pourquoi inviter les trois corps administratifs, département, district et municipalité, à assister à la tenue de leur assemblée ? Pourquoi la présidente Char-

----

(1) *Recueil des Arrêtés pris depuis le 9 octobre (vieux style) par les représentants du peuple envoyés à Commune-Affranchie* (IVme fascicule), n° 55, page 53.

L'arrêté est analysé dans Gonon, n° 614, p. 327.

(2) *Journal des Révolutions de Paris*, par L. Prudhomme, n° 185, p. 234, — rapporté par Gonon, p. 146, n° 726.

reton et la citoyenne Charpine s'adressent-elles aux magistrats, pour inviter l'évêque Lamourette à leur composer un catéchisme plus à l'ordre du jour ? Est-il donc un décret qui oblige les mères de famille à faire apprendre à leurs enfants un tel catéchisme plutôt qu'un autre ? De quoi s'avise-t-on à ce club de Lyonnaises, de faire apprendre aux jeunes citoyennes des chapitres entiers du *Contrat Social* de Jean-Jacques Rousseau, lui qui trouvait déjà les fables de Lafontaine bien au-dessus de la portée des enfants ?

« Au nom de la patrie dont elles portent l'amour dans leur cœur, au nom de la nature, au nom des bonnes mœurs domestiques dont les clubs de femmes sont les fléaux, à cause de la dissipation qu'ils entraînent avec eux, nous conjurons les bonnes citoyennes de Lyon de rester chez elles, de veiller à leur ménage sans s'inquiéter de la réforme du catéchisme de l'évêque Lamourette... »

La citoyenne Charton répondit avec de la bonne encre au nom des femmes émancipées par la Révolution (1) ; mais les rieurs n'étaient pas de son côté.

Malgré les huées universelles, les clubistes frappèrent à deux portes qui leur furent ouvertes contre tout bon sens : les Jacobins de Paris et la municipalité de Lyon.

En janvier 1792, les « citoyennes de Lyon, composant l'association séante aux Jacobins de Lyon » firent hommage de leur réglement à la Société de

---

(1) *Journal des Révolutions de Paris*, p. 371. — Gonon, *loco cit.*, p. 147.

Paris et demandèrent la correspondance et l'affilia-
tion (1).

Puis elles secondèrent avec zèle Bottin, curé constitutionnel de St-Just, qui s'employait, sur les conseils
de Dubois de Crancé (2), à fournir de piques les habi-
tants non enrégimentés dans la garde nationale. Pour
se procurer des armes de guerre provenant des manu-
factures de l'Etat, elles avaient besoin de l'intermé-
diaire des autorités ; ce concours, elles paraissent
l'avoir obtenu.

La municipalité s'occupait alors de faire fondre de
quatre à six canons pour la défense de l'Hôtel-de-Ville.
Le procès-verbal de la séance du 31 mai 1792, con-
tient ce passage important (3) : « opération à laquelle
est affectée la somme de 1389 livres, qui a été remise
dans cette intention par la *Société des Dames Amies de
la Constitution,* sur laquelle somme il sera préala-
blement payé le prix de *cent piques qui ont été com-
mandées par lesdites citoyennes et qui doivent être adres-
sées à la municipalité.* »

Guillon de Montléon se trompe donc lorsqu'il
écrit (4) : « Ce club féminin n'eut qu'une existence
passagère : ce que les mauvais plaisants attribuèrent
à sa tumultueuse loquacité. Il est plus vrai de dire que
ces femmes ridiculisées et manquant d'argent pour
alimenter leur sabbat, préférèrent aller aux séances du

---

(1) Wahl, *loco cit.,* p. 366 fin de la note 4 de la page 365.
(2) *Discours prononcé au Club central de la ville de Lyon, le 4
mars 1792,* par Dubois de Crancé, — Lyon, Bernard, 1792, in 8° de 14
pp. (Bibliothèque de la ville, n° 350 764).
(3) *Conseil municipal,* séance du 31 mai 1792 (III, 169).
(4) *Mémoires,* I, 90.

club central. » Elles s'assemblèrent longtemps, ce qui ne les empêchait pas de se rendre au club central. Elles avaient de l'argent et comme ils en avaient peur, nos édiles les traitaient en amies.

Avec quelles honteuses alliées la municipalité courait aux abîmes !

Vitet rapporte dans sa *Défense* (1), que le 9 septembre 1792, lorsqu'il arriva à Pierre-Scize, au moment du massacre des officiers du Royal-Pologne : « cent cinquante femmes environ, armées de piques, vraisemblablement par les soins de Chalier, d'Hidins, de Saint-Charles et des trois vétérans, se présentent vers le fort de Pierre-Scize ; surpris de voir ce nouveau genre de phalange qui ne semblait respirer que sang et carnage, je me décide sur-le-champ, pour les éloigner, de leur confier la garde des portes de Vaise. »

Pourquoi accuser tant de personnes ? Chalier ne peut-être soupçonné puisqu'il se trouvait à Saint-Etienne, depuis une semaine, pour les élections législatives. N'est-il pas plus probable que Vitet avait dû reconnaître, dans ces Euménides, ses protégées du club populaire des femmes et dans les piques au sommet desquelles les têtes des victimes allaient être promenées, les armes fabriquées par les soins officieux du corps municipal ? Ainsi finissent les scandaleuses faiblesses des autorités démocratiques envers les fauteurs de désordre.

Les belles découvertes de M. Wahl aux Archives Nationales, ont prouvé que les émeutes sur les denrées

---

(1) Metzger et Vaësen, *Lyon en 1792*, p. 143, note 2. La Bibliothèque de la ville possède un exemplaire de la défense de Vitet.

ont eu la même origine. Les citoyennes de la *Société populaire des Amies de la Constitution* ont élaboré le tarif du *maximum* qui a provoqué la disette à Lyon. Elles l'ont imposé aux corps administratifs. Elles ont conduit la sédition du 17 septembre 1792, dans laquelle les grenadiers du bataillon du Plâtre, qui n'avaient pas l'autorisation de tirer, faillirent être taillés en pièce et où l'Hôtel-de-Ville aurait été pris d'assaut sans l'intervention de Guillaume de Bonnement, commissaire du pouvoir exécutif (1). Laussel écrivait à Roland le 22 septembre (2) : « Le mouvement est parti du club des femmes, il est mené par quelques femmes de la lie des coquines et quelques souteneurs en petit nombre. »

Malgré le terrible avertissement, Perret, faisant fonctions de Maire, fleurte encore avec elles. Il accepte de leur faire fabriquer de nouvelles piques. Le peuple, même celui des clubs, s'irrite. On lit dans le procès-verbal de la séance du Conseil général de la commune tenue le 20 octobre 1792 (3) : « Une députation de la *Société centrale des Amis de la Liberté et de la République* (4), s'étant présentée, a demandé que les fonds, *destinés par les citoyennes à la fabrication des piques*, fussent confiés à des garçons boulangers à

---

(1) *Journal de Lyon* du 20 septembre 1792 — article reproduit par Wahl, pp. 606, 607.

(2) *Lettre découverte* aux Archives Nationales, F. 7. 3255 par M. Wahl. (*Premières années de la Révolution à Lyon*, p. 605).

(3) *Procès-Verbaux des séances*, etc. Tome III, pp. 334, 335.

(4) C'était le nouveau nom de la *Société populaire des Amis de la Constitution*.

titre d'avance pour faire du pain dans les fours abandonnés. »

Lors de la révolte de Lyon contre la Convention, le club central fut mis à sac ; les clubs de femmes disparurent pour toujours. Mais les citoyennes choisirent un lieu où elles se retrouvaient volontiers : autour de la guillotine.

Louis de COMBES.

104

www.ingramcontent.com/pod-product-compliance
Lightning Source LLC
Chambersburg PA
CBHW051350060726
47596CB00005B/1845